Bestias del cuerpo

EDICIÓN PATHFINDER

Por Peter Winkler

CONTENIDO

2	Bestias del cuerpo
8	Mirando criaturas pequeñas
10	Un vistazo más de cerca
12	Verificación de conceptos

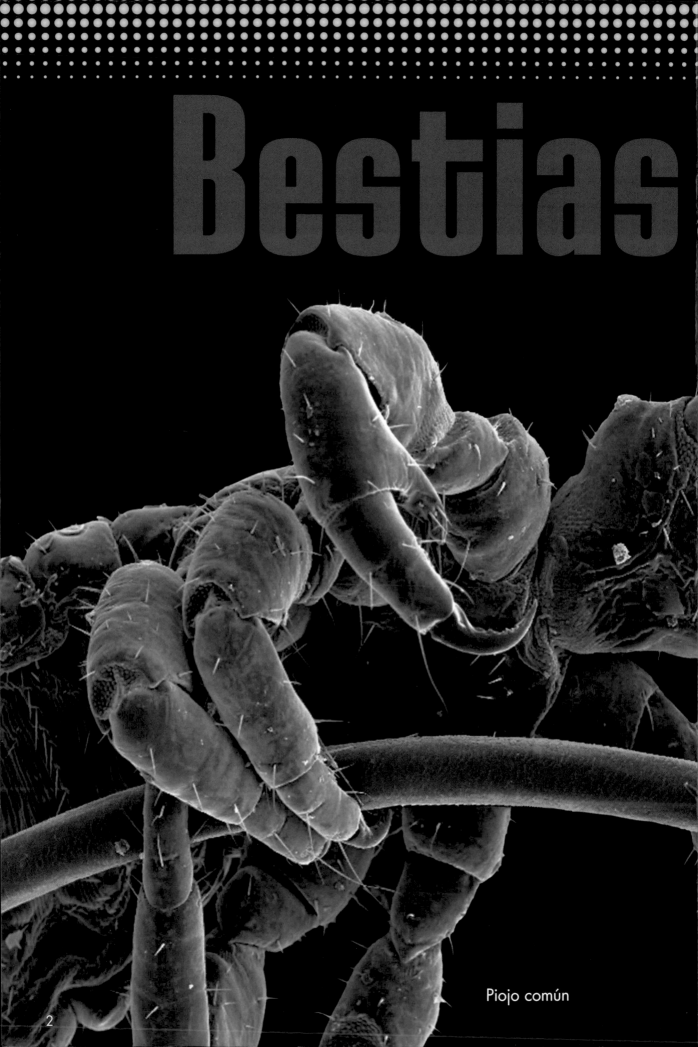

Bestias

Piojo común

del cuerpo

Los animales viven en hábitats. Ya lo sabes. Pero, ¿sabías que los animales también pueden ser hábitats para otros seres vivos?

Por Peter Winkler

Los seres humanos y otros animales nunca están solos. Siempre tenemos mucha compañía.

Hay muchos seres vivos diminutos que habitan en nuestro cuerpo. Para ellos, el cuerpo es un mundo lleno de hábitats. El hábitat es un lugar donde las cosas pueden vivir.

Algunos de estos pequeños vecinos son perjudiciales. La mayoría, no obstante, no afecta realmente al huésped. Algunos incluso ayudan. De hecho, ¡muchos animales tendrían dificultades para vivir sin ellos!

¿Quiénes son estas pequeñas bestias del cuerpo? Veamos.

Invitados molestos

Los piojos tal vez sean las bestias del cuerpo más conocidas. Estos pequeños insectos viven en el cabello del **huésped.** El piojo de seis patas se agarra a un cabello y se mantiene agarrado a este.

Los piojos generalmente se quedan cerca del cuero cabelludo. Sus dientes filosos se clavan en la piel. Entonces comienza a brotar la sangre hacia la boca del insecto.

Las picaduras de piojos por lo general no duelen. Pero la **saliva** del insecto produce comezón en los seres humanos. Con razón la gente ha luchado durante tanto tiempo contra los piojos.

Los antiguos egipcios, por ejemplo, tenían una forma imaginativa de evitar los piojos. Se afeitaban la cabeza y usaban pelucas. Eso destruía el hábitat de los **parásitos.** El parásito es un ser que vive y depende de otro ser viviente. El ser viviente del cual el parásito depende se llama huésped.

En la actualidad, sabemos que los piojos pueden viajar en los peines y los sombreros. ¡Así que no los compartas!

Criaturas sedientas

Probablemente hayas escuchado la frase "No hay más chinches que la manta llena". Te habrás preguntado si las chinches son, en verdad, reales. Lo son.

Las chinches son pequeños insectos sin alas. Una chinche adulta tiene aproximadamente el tamaño del borrador de un lápiz. Estas criaturas pasan el tiempo en las camas, la ropa, la leña y el equipaje.

Al igual que los piojos, las chinches beben sangre humana. Sin embargo, ese no es el verdadero problema de las chinches. Cuando una chinche pica, colocan su saliva en la piel. La saliva hace que el área alrededor de la picadura se hinche.

Hay otro pequeño parásito que puede causar incluso problemas mayores. Las garrapatas están relacionadas con los ácaros y las arañas. Tienen ocho patas. Las garrapatas son transportadas por ratones, ciervos, personas y otros huéspedes.

Las garrapatas no vienen solas. Acarrean una gran cantidad de gérmenes. Cuando la garrapata pica, los gérmenes pueden invadir la sangre del huésped. Eso puede causar problemas, incluyendo la enfermedad de Lyme.

Por supuesto, las chinches y las garrapatas parecen casi de peluche si las comparamos con los anquilostomas y las tenias.

Agarrados con uñas y dientes

A diferencia de las chinches y las garrapatas, los anquilostomas no solo muerden. Estos pequeños gusanos redondos comen la piel hasta crear un pasadizo.

Una vez dentro del cuerpo, estos invasores se abren camino hacia los intestinos. Esos son órganos del cuerpo que tienen forma de largos túneles. Estirados, los intestinos tendrían unos 30 pies de longitud. Los intestinos convierten los alimentos en sustancias químicas que el cuerpo necesita.

Los anquilostomas muerden la pared del intestino. Pueden permanecer ahí por años. Eso puede causar al huésped grandes problemas.

Hay otro tipo de gusano que también habita en los intestinos. Es la tenia. La tenia es la mayor de todas las bestias del cuerpo. ¡Puede crecer tanto como los propios intestinos!

La cabeza de la tenia tiene una corona de ganchos. Estos se enganchan en la pared del intestino. El resto del cuerpo del gusano flota en el túnel. A medida que los alimentos fluyen por el intestino, la tenia los absorbe. Esto le roba al huésped una gran cantidad de **nutrientes** y puede causar enfermedades.

Ácaros. *Estas criaturas en forma de gusanos pueden caber en el punto final de esta frase. Viven en los pliegues de la piel que sostiene a las pestañas y el pelo.*

La garrapata. *Este pequeño viajero se alimenta de sangre. Durante las comidas, se hincha como un globo.*

Anquilostoma. *Escondidos en la arena o la tierra, los anquilostomas esperan para tocar un animal o una persona. Luego pican y se abren camino por la piel del huésped.*

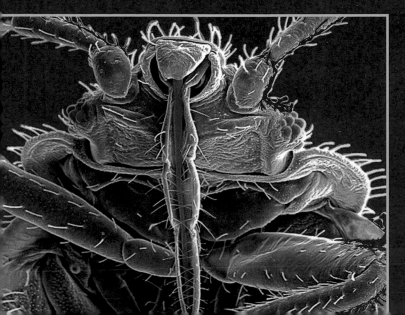

Chinche. *Cierto científico llamó a las chinches "los ladrones del mundo de los parásitos". Estas nos roban gotas de sangre mientras dormimos.*

Pequeña multitud

A estas alturas es posible que estés totalmente asqueado. Pero no te asustes. Algunas de las bestias del cuerpo ayudan a sus huéspedes.

Tomemos como ejemplo a las **bacterias.** Las bacterias son seres vivos muy pequeños. No son ni plantas ni animales. Son simplemente bacterias.

Las bacterias están entre los seres vivos más pequeños que viven en la Tierra. Cada una está compuesta de una sola célula. La célula es la unidad más pequeña de vida.

Imagina que las células son como bloques de construcción. Todos los seres vivos están formado por ellas. Los seres humanos tienen más de diez billones de células. Las bacterias pueden ser pequeñas, pero están en prácticamente todas partes. Superan en número a cualquier otro tipo de ser vivo.

Los científicos estiman que sobre o dentro de algunos animales viven entre 90 y 100 billones de bacterias. En general, estos huéspedes tienen suerte de tenerlas.

Buenos vecinos

Te estarás preguntando: ¿las bacterias pueden causar que el huésped se enferme? Sí, algunas pueden hacerlo. Sin embargo, muchas son inofensivas. Algunas incluso pueden ayudar en una gran variedad de formas importantes.

Las bacterias de la piel a menudo actúan como pequeños recolectores de basura. Ayudan a deshacerse del aceite, el sudor y los trozos de piel seca. A menudo utilizan estas cosas como alimento.

Los huéspedes, por supuesto, por lo general no ven las bacterias en acción. Sin embargo, el huésped puede oler las bacterias. Al alimentarse del sudor, las bacterias producen químicos olorosos. El olor no es agradable.

Los científicos creen que las bacterias pueden ayudar también de otras maneras. Pueden actuar como un pequeño ejército invisible. Después de todo, la piel está llena de bacterias. Eso podría dificultar que los gérmenes entren en el cuerpo y causen una enfermedad.

¿Aún no estás listo para comprarte una camiseta que diga: "Me encantan las bacterias"? Entonces piensa en esto. Los seres humanos no pueden digerir el pan, las frutas, las verduras u otros alimentos provenientes de las plantas. Las bacterias sí pueden.

Por lo tanto las bacterias que están en los intestinos se encargan de digerir gran parte de nuestra comida.

Ácaro y complicado

Decidir si una bestia del cuerpo es útil o perjudicial puede ser difícil. Para ver por qué, examinemos a los ácaros del polvo. Esta pequeña criatura vive en las almohadas y las sábanas. Está emparentada con las arañas y los escorpiones.

Los ácaros del polvo comen trocitos de piel muerta. Esa dieta monótona es muy útil para los seres humanos. Cada día, nos despojamos de millones de **células** de la piel. Los ácaros del polvo se encargan de estas células.

La parte difícil viene después. Después de comer, los ácaros del polvo producen una gran cantidad de residuos. Eso puede provocar ataques de asma y alergias.

¿Una familia grande y feliz?

Es posible que ahora veas a las plantas y los animales de una manera diferente. Ahora sabes que no están solos. Millones de pequeñas criaturas viven sobre y dentro de los demás seres vivos. Incluso los parásitos pueden llevar otros parásitos.

De alguna manera, ningún ser vivo está nunca realmente solo. Ser un hábitat forma parte del hecho de estar vivo.

Vocabulario

bacterias: pequeños seres vivos que no son ni plantas ni animales

célula: unidad más pequeña de vida

huésped: planta o animal que hace las veces de hogar para un parásito

nutrientes: sustancias químicas útiles de los alimentos

parásito: planta o animal que vive y depende de otro ser vivo

saliva: líquido que está en la boca

Hábitats humanos

El cuerpo humano es un mundo lleno de hábitats para seres vivos diminutos. Esta imagen muestra dónde viven algunos de nuestros vecinos invisibles.

Rostro Algunos ácaros inofensivos viven en las raíces de las pestañas y los pelos.

Pelo El piojo común se agarra al pelo. Se alimenta mordiendo la piel y bebiendo sangre.

Intestinos
Las bacterias viven en estos largos túneles. Digieren los vegetales y los granos por nosotros.

Pies Los zapatos y los calcetines crean áreas cálidas y húmedas. Unos seres similares a las plantas pueden causar pie de atleta.

Piel Los mosquitos toman sangre y pueden transmitir enfermedades.

Súper vista. *Los científicos usan un MEB para descubrir los detalles de los ácaros. Estos serían imposibles de ver a simple vista.*

La mayoría de las criaturas que viven en tu cuerpo son muy pequeñas. No las podrás ver mirándote la piel. Entonces, ¿cómo sabemos qué aspecto tienen? La tecnología nos ayuda a echar un vistazo más de cerca.

Una herramienta que los científicos utilizan se llama microscopio electrónico de barrido, o MEB. Esta es una herramienta muy poderosa. Hace que las cosas se vean hasta 200.000 veces más grandes de lo que realmente son.

Imágenes sorprendentes

¿Cómo funciona un MEB?

El primer paso consiste en que los científicos tomen una pequeña criatura y la cubran con una fina capa de metal. El metal se pega a la criatura. A continuación, los científicos colocan la criatura en el MEB. Ahora comienza la diversión.

El MEB dispara contra la criatura un haz de partículas diminutas llamadas electrones. El haz se mueve hacia adelante y hacia atrás sobre la criatura. Al hacerlo, los electrones del haz rebotan contra la nueva cubierta metálica de la criatura.

El MEB cuenta estos electrones que rebotan. Utiliza estos datos para generar una imagen de la criatura.

¡Y qué imagen! El MEB muestra detalles sorprendentes que los científicos jamás podrían haber visto antes.

Características fabulosas

¿Qué es exactamente lo que muestran las imágenes? Por un lado, explican cómo las bestias del cuerpo ingresan en nuestro cuerpo. Algunas de estas criaturas tienen partes que son capaces de cortar y perforar la piel. Otras tienen bocas como agujas hipodérmicas. Se deslizan por la piel y chupan la sangre.

El MEB también muestra cómo estas criaturas se abren camino hacia el interior del cuerpo. Algunas tienen ojos enormes para poder detectarte. Otras tienen sensores que indican cuando hay una persona cerca. Algunas tienen incluso alas para volar. Otras tienen patas para sostenerse y agarrarse.

Cada una de estas características ayuda al animal encontrar un huésped humano y alimentarse de él.

Nuevas herramientas, nuevas ideas

El MEB ha cambiado la manera en la que vemos a las bestias del cuerpo. Pero la ciencia de la visión no se detiene allí. Los científicos tienen aún muchas preguntas. ¿Cómo sobreviven estas criaturas? ¿Qué comen? ¿Dónde tienen a sus crías?

También quieren saber cómo estos pequeños parásitos afectan a sus huéspedes humanos. ¿Qué criaturas pueden hacer que un ser humano se enferme? ¿Cómo puede la gente deshacerse de ellas? Mientras más sepan los científicos sobre las bestias del cuerpo, mejor. Con la ayuda de los MEB, los científicos están encontrando respuestas.

La gente sigue construyendo cada vez mejores microscopios. Encuentran nuevas maneras de ver los pequeños seres vivos. Cada nueva herramienta nos ayuda a aprender acerca de las criaturas que habitan en nuestro cuerpo.

Imagen perfecta. *Esta imagen de un MEB muestra todo, desde la forma de las patas de una garrapata hasta las curvas de la boca adaptada para chupar la sangre.*

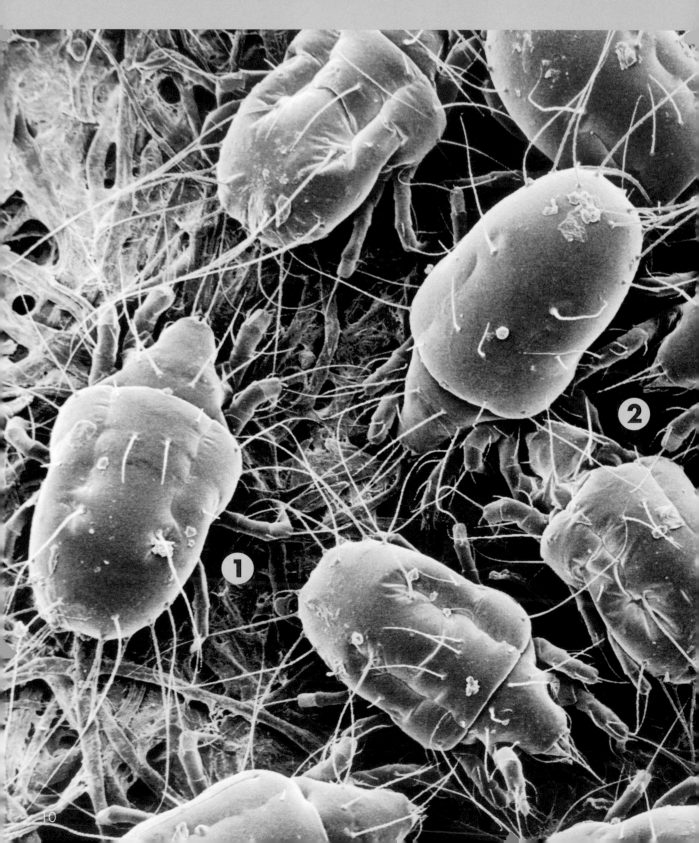

Los ácaros son criaturas diminutas que presentan algunas características sorprendentes. Echa un vistazo a lo que el microscopio electrónico de barrido nos muestra acerca de estas mini-bestias.

Súper ácaros

1 ¡Ocho fuertes patas les permiten a estos ácaros agarrarse a sus huéspedes y mantenerse asidos!

2 Estos ácaros tienen bocas con las cuales muerden a sus huéspedes. Los ácaros no se sueltan hasta que sus estómagos están llenos.

3 Los ácaros están cubiertos de partes que parecen pelos y que les permiten sentir los objetos que están cerca.

Parásitos humanos

¿Cuánto sabes sobre las criaturas que habitan en tu cuerpo?

1 ¿Qué son los parásitos? ¿Qué es un huésped?

2 ¿Cómo obtienen los parásitos los nutrientes de tu cuerpo?

3 ¿Cómo ayudan las bacterias a las personas?

4 ¿Cómo ayuda el MEB a que los científicos aprendan sobre las criaturas diminutas?

5 Compara dos parásitos. Haz una lista de sus similitudes. Explica en qué se diferencian.

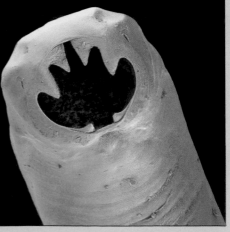